Amor en juego

Elena Ferrándiz

1. Enamoramiento

Cuando el corazón palpita porque se ha encontrado a un compañero de partida y el pulso se acelera por el deseo de empezar a jugar, antes incluso de que suene ninguna palabra que dé la señal de salida, entre sueños ya se ha iniciado el primer movimiento.

Precauciones

En este grupo de juegos suelen aparecer ciertas reacciones (más acusadas en las primeras partidas), tales como el alelamiento, el ensimismamiento y la ensoñación.

Hay que tener cuidado, porque estos efectos suelen venir acompañados de una tendencia a la idealización del contrario que le puede hacer perder toda noción de la realidad.

Es muy habitual estar más atento al oponente que a la partida y fantasear con futuros juegos a realizar con él.

Estos efectos no son graves y se diluyen a medida que se va conociendo al otro jugador.

Gallinita ciega

El jugador en posesión del turno se coloca en el centro del grupo de participantes y trata por todos los medios posibles de atrapar a uno de ellos, a quien previamente ha echado el ojo. Desde este momento, quedará cegado de amor y solo verá a través los ojos del jugador a quien ha pillado.

De ahí proviene la conocida expresión «el amor es ciego».

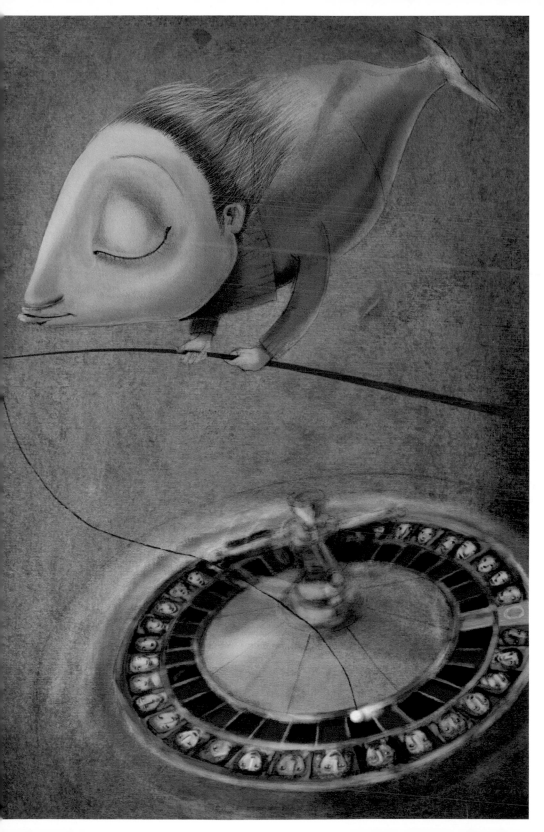

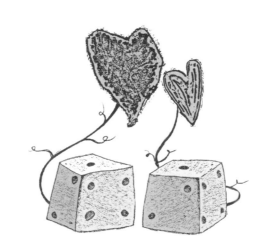

2. Conquista

Tras las partidas de enamoramiento, los jugadores se lanzan con sus mejores armas al terreno de juego, conjugando palabras y venciendo miedos.

Estrategias

Para este tipo de juegos es conveniente adornarse con las mejores galas y pavonearse para impresionar al otro jugador. Son muy habituales ciertas mentirijillas, aunque al final quedarán al descubierto.

Los jugadores más hábiles evitarán mostrar posibles defectos y, por el contrario, intentarán maximizar sus virtudes.

Son juegos que requieren gran estrategia y perseverancia. Lo ideal es mantener la tensión y ser capaz de generar en el otro el deseo de jugar.

DISFRACES

Aunque pueden resultar un tanto infantiles, son muy útiles para encandilar al adversario. Los más habituales son los de «tigresa», «angelito» y «mosquita muerta» para ellas, y los de «tipo duro», «lobo con piel de cordero» y «Peter Pan» para ellos.

Algunas jugadoras, además, llevan preparado en una maletita el de «príncipe azul», para colocárselo al primero que pase.

Póquer

Este juego es el preferido de ciertos «fantasmas», a los que les encanta tirarse faroles para impresionar al otro jugador. Dominan el arte del engaño y en la manga se guardan sus defectos y algún as.

Una variante es el póquer descubierto, en el que hay mayor sinceridad, pues, como su nombre indica, se juega con las cartas boca arriba.

Escondite

Es un juego para el que se precisan lugares estratégicos en los que ocultarse, desde donde manejar las expectativas del compañero avivando el deseo del encuentro, pues cuanto más se esconda un jugador, más interés pondrá en encontrarlo el que lo persigue.

Lo conveniente es que el participante que se esconde sea descubierto a tiempo, ya que de otra manera corre el riesgo de que el jugador que lo buscaba se olvide para siempre de su existencia.

PILLAR

Es más bien un pasatiempo o entretenimiento que suele practicarse los fines de semana, en el que los participantes se lanzan al terreno de juego a ver qué pillan.

Durante la partida, estos desarrollan curiosas habilidades para atrapar a sus presas y, aunque no es frecuente, algunas veces el jugador que tiene el turno también puede quedar pillado.

Una variante de este juego es el conocido «aquí te pillo, aquí te mato».

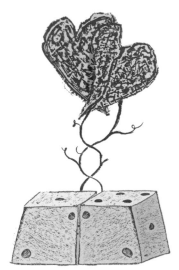

3. Emparejados

Cuando la mesa de juego se llena de fichas de besos y abrazos dados, cartas de corazones, tapetes de ternura…

Avisos

En este grupo las partidas suelen ser más largas, por lo que se debe estar completamente seguro de la adecuada elección del compañero.

Normalmente los escenarios del juego se reducen, siendo lo más habitual jugar en interiores.

Es muy frecuente que uno de los jugadores quiera imponer al otro el tipo de juegos que ha de practicar, cómo debe actuar, qué fichas tiene que mover… y pase así de estratega a manipulador. Este tipo de jugadas no son aconsejables, ya que pueden provocar que la partida termine antes de tiempo.

CARRERA DE SACOS

Se coloca un anillo en el anular del compañero de juego y desde ese momento ambos se convierten en pareja oficial para la carrera de obstáculos que realizarán metidos en un mismo saco.

Vencen si al final consiguen quedar en pie, cualquiera que sea el número de caídas sufridas durante el recorrido.

Billar

Se juega rodando entre sábanas de color verde con el objetivo de hacer carambola.

Para lograr la mejor jugada lo ideal es dejarse llevar, aunque evitando ir cada uno a su bola; de esta manera todo saldrá rodado y provocará numerosas combinaciones que harán las delicias de los jugadores.

Ajedrez

Es el rey de los juegos de estrategia, ideal para ser practicado por parejas de intelectuales.

Los jugadores emprenden una batalla dialéctica que los enfrenta en un terreno de contrastes blancos y negros. Los dos defienden sus ideas avanzando entre cuentos de reyes y reinas, castillos con sus torres, paseos a caballo y sábanas de cuadros.

Tres en raya

Sin que el jugador A lo sepa, se invita a un nuevo participante C a la partida. Desde ese momento, ambos tendrán que desplazarse sobre un tablero cuyas líneas han sido trazadas con engaños y mentiras.

Mientras tanto, el jugador B, situado justo en medio de los dos, controla estratégicamente cada movimiento para conseguir mantenerlos a raya sea como sea.

JUEGOS DE ROL

La pareja de jugadores emprende una batalla de poder para ganar la partida. Cada uno elige el papel que va a desempeñar en el escenario de juego, siendo en muchos casos el jugador que domina la situación y que está empeñado en cambiar al otro, quien decide el rol que este ha de representar.

Los jugadores más débiles resultan entonces manipulados y, sin quererlo, pueden verse convertidos en pequeñas marionetas en manos de su compañero.

4. DESIGUALES

Cuando se pone en juego el corazón entero en la casilla de inicio de una partida incierta, es probable que la última sea la casilla del desamor.

PERDIENDO

En este grupo de juegos está muy claro desde el inicio de la partida quién tiene las de perder.

El jugador más desfavorecido, sin calibrar sus pocas posibilidades, decide poner todas las cartas sobre la mesa y jugárselo todo, aun a riesgo de salir mal parado.

En este tipo de juegos, los participantes no se implican del mismo modo: mientras que para uno es solo un pasatiempo, al otro le va la vida en la partida, y termina perdiéndola irremediablemente.

La oca

Ideal para que jueguen los amantes de las excursiones campestres. Las etapas del camino están llenas de puentes, pozos, laberintos... que suelen retrasar el paseo y hacen difícil llegar al destino.

Durante el recorrido hay jugadores que no se ponen de acuerdo en la dirección que van a tomar y acaban tirándose los «dados» a la cabeza, para después elegir caminos distintos a la voz de «de oca a oca, me piro porque me toca».

Peonza

Uno de los jugadores forma una cuerda con cada una de las frases del rival y con ella comienza a darle vueltas a la cabeza, de tal manera que empieza a girar y girar hasta terminar mareado, perdiendo el equilibrio y después de tantas vueltas, bailando solo.

Yoyó

El jugador A lanza al vacío al jugador B atado al ombligo por un fino hilo. Después lo atrae de nuevo hacia sí, para volver a dejarlo caer. Y así sucesivamente.

Es el juego ideal para los amantes del *puenting* (B) y para los indecisos (A). Es bastante sencillo, aunque no es conveniente abusar de él, ya que el hilo termina por romperse y el jugador B acaba confuso, hecho un lío, y sin ganas de volver a practicar ningún «deporte» de riesgo.

Rayuela

Cuando parece que se va a alcanzar el cielo dando saltos, el jugador A deja caer la palabra *compromiso* al terreno de juego, término que al jugador B le cae como una piedra, de modo que sin perder ni un segundo sale corriendo, dejando tras de sí apenas un rastro de tiza...

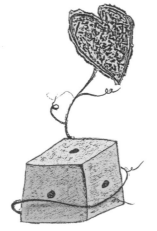

5. Solitarios

*Cuando el corazón no tiene compañero de juego
con quien compartir movimientos y latidos.*

Alternativas

No a todo el mundo le gusta jugar en pareja;
hay quienes prefieren divertirse en solitario.
Para ellos también existen un gran número de
juegos y pasatiempos.

Ventajas

Se puede jugar cuando y donde se quiera.

Uno mismo establece sus propias reglas.

El jugador nunca pierde la partida, ya que es el
único participante.

En caso de aburrirse, puede buscar compañeros
de juego ocasionales.

SOLITARIO

Juego muy popular y ampliamente cultivado desde edades muy tempranas, en las que se aprende a pasar un buen rato manipulando la baraja.

Es tan entretenido y fácil de practicar que resulta un placentero pasatiempo, en el que el propio jugador tiene en sus manos la suerte de llegar a su culminación.

LAS MUÑECAS

Algunos jugadores eligen divertirse con compañeros prefabricados, con deseos hechos de aire que llenan muñecas hinchables.

Existen variantes con compañeros virtuales, distracción para tímidos que intentan llenar el vacío de la vida cotidiana jugando con sustitutos. También resulta ideal para aquellos comodones que prefieran el artificio a asumir riesgos en persona.

Tirachinas

Es un entretenimiento practicado preferible-
mente por jugadores masculinos, que ejercitan
la puntería para acertar a cualquier objetivo que
se les ponga a tiro, y a quienes les gusta divertirse en cada partida con una compañera de juego
distinta (aunque no sean orientales).

Índice

GOBIERNO
DE ESPAÑA

MINISTERIO
DE CULTURA

Esta obra ha sido publicada con una subvención de la Dirección General del Libro,
Archivos y Bibliotecas del Ministerio de Cultura para su préstamo público en Bibliotecas
Públicas, de acuerdo con lo previsto en el artículo 37.2 de la Ley de Propiedad Intelectual.

Amor en juego

Primera edición: noviembre de 2010

© 2010 Elena Ferrándiz Rueda (texto e ilustraciones)
© 2010 Thule Ediciones, SL
      Alcalá de Guadaíra 26, bajos
      08020 Barcelona

Director de colección: José Díaz
Diseño y maquetación: Jennifer Carná

EAN: 978-84-92595-71-6
D. L.: B-39848-10

Impreso en Llob 3, Barberà del Vallès

www.thuleediciones.com